Was ich dir wünsche!

Gedichte

Band 15

Nicole Sunitsch

Bibliografische Information der Deutschen Nationalbibliothek:
Die Deutsche Nationalbibliothek verzeichnet diese Publikation in
der Deutschen Nationalbibliografie;
detaillierte bibliografische Daten sind im Internet über
http://dnb.dnb.de abrufbar.

Herstellung und Verlag:
BoD – Books on Demand, Norderstedt

1. Auflage: Juni 2022
ISBN: 978-3-7557-5933-1

Titel/Idee: Nicole Sunitsch
Cover/Bilder: Gerd Altmann
Gedichte/Zitate: Nicole Sunitsch
Korrektorat: Elisabeth Michl

Inhalt

Vorwort

Liebe Leserinnen und Leser!

Zu Weihnachten gab eine Mutter ihrer Tochter eine Weihnachtskarte in der ein Zettel mit guten Wünschen war.

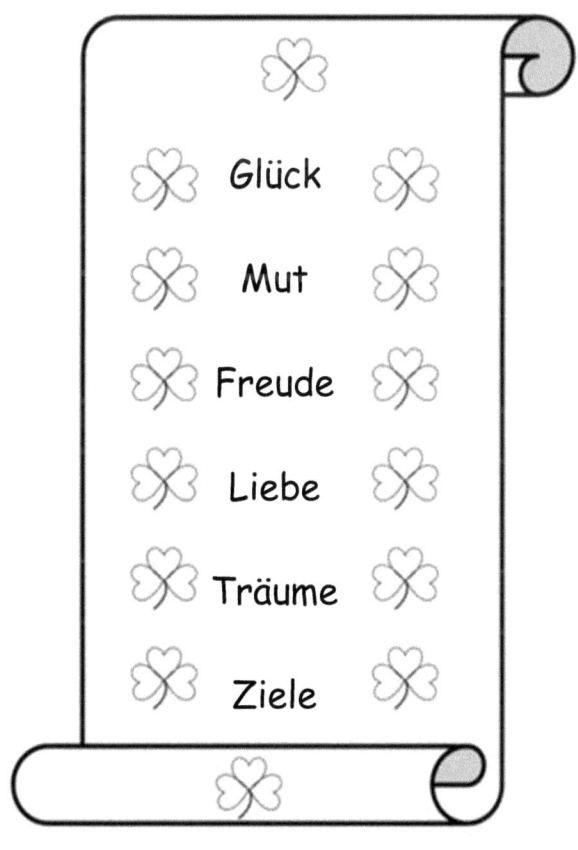

Liebe

Liebe ist so unendlich,
wo sich die Erde mit dem Himmel verbindet.
Liebe ist so nah,
wo sich Kopf und Herz schon ewig kennen.
Liebe ist Erfüllung,
wo Wärme und Kälte eins werden.
Liebe ist Hoffen,
wo in dunklen Stunden Licht erscheint.
Liebe ist Wertschätzung,
wo ein Mensch den Wert des anderen schätzt.
Liebe ist Geborgenheit,
wo man sich an einsamen Orten nicht alleine fühlt.
Liebe ist lieben, ohne etwas zu fordern.
Ohne Liebe wäre das Leben nicht so hell
und die Tage vergingen so schnell.
Deswegen nimm dir aus den Zeilen viel Liebe mit,
denn sie ist zwischen uns Menschen das
Verbindungsglied.

Mut

Ab und zu verlässt uns der Mut,
das tut keinem Menschen gut.

Zuviel beschäftigt, um mal nachzudenken,
keine Zeit das Leben in eine Richtung zu lenken.

Sei öfters mal mutig im Leben,
das wird dir das nötige Selbstvertrauen geben.

Egal, wie es dir geht,
vergiss nicht, dass Mut dein Inneres belebt.

Tapferkeit

Sei mutig und wage neue Schritte,
hole dir die Energie aus der Mitte.

Wenn auch der Weg noch weit vorne liegt,
doch irgendwann hast du erreicht den Sieg.

Wenn du dich als Letzter durch die Ziellinie raffst,
vergiss nicht, du hast es trotzdem geschafft.

Ganz egal ob über dich wer lacht,
wichtig ist nur, dass du es machst und schaffst.

Glück und Erfolg

Ich wünsche dir, dass sich dein Glück stets erneut,
sich dein Herz ganz oft erfreut.
Ich möchte dir außer Glück noch Gutes schenken,
nimm es dankend an, ohne Bedenken.

Ich wünsche dir viel Erfolg in allen Dingen,
möge dir durch deine Tatkraft ganz vieles gelingen.
Ich möchte dir außerdem noch eines sagen,
ich hoffe, du musst nie Schmerzen und Leid erfahren.

Ich wünsche dir eine unterstützende Hand,
ein Leben mit viel Sonne, Strand und Sand.
Ich möchte dir mit diesen Zeilen meine Hand reichen
und das Glück soll nie von deiner Seite weichen.

Kraft

Mit deiner innerlichen Kraft kannst du alles erreichen,
diese Stärke wird dich stets begleiten.

Nutze diese Kraft und Energie,
sie bringt deinen Körper in Harmonie.

Mit deinen Kräften wirst du die Aufgaben schaffen,
denn sie sind im Leben eine der wichtigsten Waffen.

Erfolg

Du möchtest gern erfolgreich sein,
dafür höre in dein Herz hinein.
Ich weiß, dass das jeder schaffen kann,
alleine der Gedanke zieht mich in den Bann.

Es hilft nichts,
zu den Wünschen und Träumen aufzusehen,
die Wege musst du schon selber gehen.

Viele glauben,
man muss sich nur irgendwie bewegen,
doch erst durch die richtigen Wege
wirst du Erfolge sehen.

Deswegen mache nicht immer das Gleiche,
interessiere dich auch für andere Bereiche.
Vom Falschen mehr zu machen ist nicht richtig,
erst durch neue Wege wird der Erfolg gewichtig.

Dein Ziel solltest du kennen,
denn sonst kannst du dich in dir selbst verrennen.
Glaube an dich und lasse dich nicht hetzen,
denn mit deinem Glauben kannst du Berge versetzen.

Fröhlichkeit

Die Fröhlichkeit grenzt an Wunder,
alleine das Gefühl macht unsere Welt bunter.
Wir leben leicht und ausgelassen,
Probleme ganz schnell verblassen.

Durch Fröhlichkeit schweben wir auf Wolke sieben,
weniger Stress und nicht mehr getrieben.
Starten wir einfach fröhlich in den Morgen,
vergessen wir unsere Sorgen.

So sind wir im Herzen nicht aufgewühlt,
man merkt sofort, dass es sich gut anfühlt.
Und bist du auch mal ganz allein, vergiss nicht,
es gibt immer einen Grund fröhlich zu sein.

Zuversicht

Oft schauen wir zu wenig nach vorn,
nicht alle Menschen wurden mit Optimismus geboren.
Jeder Mensch hat sehr vieles selbst in der Hand,
Krisen und Probleme sind wohl jedem bekannt.

Was können wir besser machen,
vielleicht auf uns selber mehr achten.
Mit der Zuversicht lebt man ganz leicht,
sie gibt uns Hoffnung in so manch schwieriger Zeit.

Treten wir dem Leben mit Zuversicht entgegen,
denn so lässt es sich viel einfacher leben.

Träume

Der Puls senkt sich abends ab,
der Tag bald endet, es wird Nacht.
Die Gedanken kreisen im Kopf herum,
bei Problemen fragt man sich oft, „warum?".

Der Körper fängt an zu schweben,
lässt uns im Schlaf Fantasien erleben.
Die Träume für alle anderen unsichtbar,
vieles wird danach auch wahr.

Im Traum der Mensch ganz klein,
dieser Moment gehört jedem Einzelnen allein.
Manchmal werden wir munter in der Nacht,
durch den Traum wurden uns Sorgen
und auch schon Ängste gebracht.

Selten sind unsere Träume wie das echte Leben
doch wir starten gut in den Tag,
indem sie unsere Stimmung heben.

Sonnenschein

Mein lieber strahlender Sonnenschein,
blitzt schon frühmorgens zu meinem Fenster rein.
Beim ersten Augenaufschlag,
ich die Wärme im Gesicht nur spüren mag.

Die Sonnenstrahlen sind zauberhaft,
morgens haben sie nicht allzu viel Kraft.
Der Tag für viele positiv beginnt,
das Gemüt ist bestens gestimmt.

Doch um die Mittagszeit wird es heiß,
zur Abkühlung gönnen sich viele ein Eis.
Wärme schenkt uns die Sonne für einen Augenblick,
der Geist erwärmt, man spürt das Glück.

Lasse die Sonnenstrahlen in dein Herz hinein,
schön, dass es dich gibt, mein Sonnenschein.

Herzklopfen

Mein Herz schlägt für dich, Tag und Nacht,
die Liebe ist wohl die stärkste Macht.
Zusammen sind wir im Einklang,
durch die Zweisamkeit sind wir voller Tatendrang.

Unsere Herzen schlagen im gleichen Rhythmus,
sei es auch aus der Ferne ein Kuss.
Ganz oft gehe ich zu dir hin,
spüre deinen Herzschlag, wenn ich bei dir bin.

Das Herzklopfen soll nie verschwinden,
der gleiche Takt soll uns für immer verbinden.
Die Liebe öffnet in mir eine Tür,
dass ist das, was ich bei dir so gerne spür.

Glücksgefühle

Der Frühling wird uns das Glück verbreiten,
in guten wie in schlechten Zeiten.
Wenn die Sonne unsere Herzen erwärmt,
sich Menschen verlieben, manch einer nur schwärmt.
Die ganze Welt liebt das Frühlingserwachen,
wo die Menschen miteinander lachen.
Für einige ist die Liebe ein Spiel,
mit Glücksgefühlen kommt man meistens schneller ans
Ziel.

Doch es ist nichts von Dauer,
durch Leid bauen sich Menschen gerne eine Mauer.
Lasst uns von den Gefühlen etwas lernen,
wenn wir sie vergleichen mit den Sternen.
Vielleicht müssen wir das Glück in uns nur erwecken,
unsere Gefühle vor niemandem verstecken.
Irgendwann leuchten unsere Gefühle wie die Sterne,
deswegen mag ich sie auch so gerne.

Freude

Freude ist so wichtig in dieser Zeit,
sie vertreibt Kummer und Leid.
Wenn auch nur für einen Moment,
das Herz sich eher zur Freude bekennt.

Ohne Freude wäre das Leben zu schwer,
durch Leid litten viele Seelen sehr.
Das Gefühl der Freude war schon immer sehr beliebt,
sie den Menschen Zuversicht gibt.

Deswegen wünsche ich den Menschen ganz viel Freude,
mit Hoffnung und ohne Reue.
Lassen wir ganz viel Freude zu
und genießen wir die Ausgeglichenheit,
ich und du.

Begeisterung

Lasse in der Begeisterung deine Zellen vibrieren,
ohne den Einklang mit dir selbst zu verlieren.
Glücksgefühle und Freude sollen sich entfalten,
die Energie wird dein Körper verwalten.

Fröhlich sollst du sein, voller Elan,
das hilft dir bei deinem Lebensplan.
Mit Schwung wirst du dein Leben meistern
und mich als Engel noch ganz oft begeistern.

Lebenslust

Die Lebenslust beginnt schon in der Nacht,
zur frühen Stunde mit Freude aufgewacht.
Keine Menschen für ihr Glück beneiden,
die Fehler anderer schnell verzeihen.

Seien wir am Leben erfreut,
nicht nur ab und zu, sondern jetzt und auch heut.
Gehen wir raus in die Natur,
hinterlassen in dieser Welt eine Spur.

Durch die Bewegung können wir an was Gutes denken,
keinen Augenblick mit negativen Dingen verschwenden.
So lebt es sich leicht und mit Genuss,
verliert die Lebenslust nicht, bis zu Schluss.

Ruhe

Ich genieße heute die Ruhe,
lege weg meine Schuhe.

Ich begrüße meine Couch,
meiner Seele tut das gut, das merke ich auch.
Ich schaue aus dem Fenster in den Himmel,
die kleinen Wolken erinnern mich an ein Pferd,
einen Schimmel.

Dann glitzert was im Himmel wie ein Stern,
du bist es, mein Engel, ich habe dich so gern.

Lebensfunken

Lasse den Lebensfunken in dir sprühen,
ich als Engel möchte es fühlen.
Lebensfreude soll in deiner Seele erwachen,
ganz oft im Leben solltest du lachen.

Ich möchte dir ganz viel Glück geben,
denn das Leben ist zu kurz,
um nur das Negative zu sehen.

Talente

Lasse deine Talente lodern und brennen,
dein Erfolg wird dich von deinem Talent nicht trennen.
Lasse alle Neider hinter dir,
verzeihe Menschen auch die Gier.

Verfolge deine Ziele, schaue auf dich
und deine Wege werden zugänglich.
Sei stolz auf deine Talente,
ich hoffe deine Ziele nehmen kein Ende.

Auch wenn ich nicht immer bei dir bin,
hast du dein Talent gefunden, bleibt es in dir drin.

Geduld

Geduld ist nicht jedermanns Stärke,
das ist das, was ich bei vielen Menschen merke.
Alles braucht seine Zeit,
es ist Geduld, nach der, der Körper schreit.

Vielleicht gibt es auch Engel im Leben,
die deine Ungeduld in dir sehen.
Lasse uns wieder geduldiger sein,
um nicht nur auf Spannung zu verweilen.

Alles braucht seine Zeit,
durch Geduld ist dein Körper für Veränderung bereit.

Erfüllung

Glaube an die Erfüllung und an mehr,
habe Selbstvertrauen, es ist nicht schwer.
Träume und Wünsche werden sich erfüllen,
dein Herz mit ganz viel Liebe befüllen.

Dafür brauchst du nur an Engel glauben
und ihnen einen Vertrauensvorschuss erlauben.
Das Glück wird fließen,
du wirst mit Krisen viel leichter abschließen.

Ganz egal, was die Erfüllung anderen gibt,
wichtig ist,
dass in unseren Herzen die Engelsliebe siegt.

Gottes Liebe

Es ist die Engelsliebe, die alles bricht,
höre zu, wenn ein Engel zu dir spricht.
Bei Einsamkeit spaziere durch den Wald,
das wärmt dein Herz und dir ist nicht mehr kalt.

Die Engel werden von dir nicht lassen,
sie begleiten dich auch auf den Straßen.
Zu Hause wärmen sie dich von innen,
glaub an sie, damit kannst du sofort beginnen.
Denn schiebst du sie ewig beiseite,
suchen auch Engel irgendwann das Weite.

Die Engel sind stark, sie haben viel Macht,
wenn sie erscheinen, dann immer in voller Pracht.
Deswegen nimm dir die Stärke von den Engeln mit,
denn Gottes Liebe und die Engel sind das
Verbindungsglied.

Lichtblicke

Wenn traurige Tage die Welt erreichen,
dann beginnt die Nebeldecke über uns zu schleichen.
Die Seelen ganz finster und grau,
die Gefühle der Menschen kalt und rau.

Keine schönen Momente in Sicht,
die Stunden ganz schwer und ohne Licht.
All das bringt uns die Ruhe wieder ein,
so manch einer hat es verlernt glücklich zu sein.

Wir sollten uns die Laune nicht selbst vermiesen,
auch wenn es schwer fällt, die Tage genießen.
Lasst uns vergessen, was gestern war,
das Leben ist nicht immer leicht, doch so wunderbar.

Wenn wir öfter an das Schöne denken,
dann können wir unsere Gedanken selber lenken.
Des einen Leid, des anderen Freud,
durch die Lichtblicke scheint kein Tag so hell wie heut.

Visionen

Ich habe sehr viele Visionen,
nicht alle werden sich immer lohnen.
Doch sie bringen im Leben viel Fröhlichkeit,
so farbenfroh, wie ein schönes Sommerkleid.

Durch die Visionen ist das Leben voll Zuversicht,
das Herz erstrahlt wie Sonnenlicht.
Die positive Haltung zeigt uns die Richtung,
sie führt uns aus der Dunkelheit,
zeigt uns die Lichtung.

Visionen braucht jeder Mensch im Leben,
denn sie machen es möglich,
dass sie unsere Stimmung heben.

Gelassenheit

Nicht jeder Mensch besitzt Gelassenheit,
sie zu erlernen braucht seine Zeit.
Ein wenig Stress aus dem Alltag nehmen,
manchmal führen schon Kleinigkeiten zu Problemen.

Vielen Menschen fehlt die Selbstanalyse,
dies führt oft die Seelen in eine Krise.
Doch jeder kann es schaffen,
man sollte sich einfach öfter mal aufraffen.

Die kleinen Schritte machen es aus
und die Gelassenheit kommt von selbst in das Haus.

Harmonie

Vereinigung von Gegensätzen zu einem Ganzen,
die Harmonie lässt unsere Seelen tanzen.
Sind Körper und Geist im Einklang,
jeder Mensch besitzt einen eigenen Zugang.

Manche empfinden im Klang die Harmonie,
ganz leise Töne ergeben eine Melodie.
Mit der Harmonie im Körper verweilen,
ohne dem Geist zu viele Aufgaben zu erteilen.

Das Herz wird durch die Ruhe ganz heiter
und die Harmonie unser neuer Wegbegleiter.

Lebensenergie

Die Energie in lebendiger Wirklichkeit,
das Positive verlängert unsere Lebenszeit.
Durch Bewegung erreichen wir unser Kraftfeld,
Energie muss man sich nicht kaufen auf dieser Welt.

Energie hält unseren Körper am Leben,
wonach auch Tiere und Lebewesen streben.
Mit dieser Kraft setzt man Dinge besser um,
die Quelle des Lebens, unser Zentrum.

Mit Willen bringen wir Energie in uns hinein,
das hilft manchen, um glücklich zu sein.
Wenn wir handeln, dann mit viel Energie,
manche Menschen lernen es, andere wiederum nie.

Mit Lebensenergie können wir viel erreichen,
das hilft uns im Leben in allen Bereichen.

Überraschungen

Neue Situationen oder Gefühle,
die Emotionen zerstreuen unseren Geist wie Moleküle.
Manchmal wird Verwirrung erzeugt,
der Kopf, sich meistens nach vorne beugt.

Selten empfinden wir Überraschungen als
unangenehm, wir lieben sie
und sie sind für uns kein Problem.
Die Neugier wird noch mehr ausgelöst,
Sprachlosigkeit und Verwunderung zusammenstößt.

Wir reißen die Augen auf,
der Blutdruck rast ganz schnell hinauf.
Lasst uns noch viele positive Überraschungen erleben
und mit Optimismus danach streben.

Besonnenheit

Besonnenheit bringt uns innere Gelassenheit,
wir spüren weniger Schmerz und Leid.
Ganz selbstbeherrscht mit weniger Impulsivität,
aufzubauen auf Quantität und Qualität.

Besonnenheit ist eine ausgleichende Tugend,
trotz hohem Alter versetzt sie uns in die Jugend.
Besonnene Menschen werden mehr erreichen,
denn mit Sonne im Herzen kann man jede
Kaltherzigkeit erweichen.

Glückseligkeit

Nach Glückseligkeit viele Menschen streben,
die mit beiden Beinen im Leben stehen.
Immer wieder suchen wir danach,
so manch Traum schon zerbrach.

Das Erleben von Lust,
das Leben leben, ganz ohne Frust.
Durch positive Emotionen das Ich formen,
das Leben akzeptieren, sich anpassen den Normen.

Die Welt mit positiven Augen sehen,
sich weniger durch das Leben quälen.
Jeden Tag das Gehirn auf Glück reizen,
mit guten Gefühlen nicht geizen.

Jeder Mensch kann noch glücklicher werden,
man muss nur des Öfteren in sich kehren.

Ausgelassenheit

Sei einfach mal ganz ausgelassen,
spielen, tanzen, lachen würden so gut zu dir passen.

Tanze mit mir
und es gibt nur noch ein Wir.

Meine Flügel werden zu dir zeigen,
dein Kopf wird sich zu mir neigen.

Wir schwingen uns alle Sorgen los,
wir sind ausgelassen
und das macht uns innerlich groß.

Wunder

Wunder, die einfach geschehen,
man kann sie vorher nicht sehen.
Wunder, die Menschen glücklich machen,
dies betrifft die Starken und Schwachen.

Wunder, kommen und gehen,
sie traurige Seelen wiederbeleben.
Wunder, sie kann man nicht bitten,
manchmal sind sie auf den Menschen zugeschnitten.

Wunder, die keine Zweifel erlauben,
man muss nur fest daran glauben.
Wenn das Herz bereit ist und rein,
ja dann, treten die Wunder erst ein.

Seelenruhe

Für die Seelenruhe brauchst du Vertrauen,
nur so kannst du auf deine Kräfte bauen.
Für Seelenruhe brauchst du offene Türen,
nur so kannst du die Liebe spüren.

Für Seelenruhe brauchst du Ordnung in deinem Leben,
nur so kannst du den Schlüssel zu deiner Seele sehen.
Für Seelenruhe musst du nur das Schloss suchen,
das Zimmer der Ruhe kannst du immer buchen.

Zum Schluss möchte ich noch den Schlüssel erwähnen,
denn nur du kannst dein Leben in deine Hand nehmen.

Humor

Eines steht auf jeden Fall fest,
Humor sich schnell begreifen lässt.
Mal bin ich lustig, mal gescheit,
dem Humor bin ich nicht abgeneigt.

Ein kleiner Witz hilft der Gelassenheit,
weit weg von Streit und Neid.
Am liebsten bringe ich Menschen zum Lachen,
dabei mache ich ganz oft verrückte Sachen.

Ab und zu komisch zu sein,
bei einem guten Gläschen Wein.
Humor schadet keinem Menschen im Leben,
deswegen wird es immer wieder lustige Leute geben.

Gedanken

Ich habe mein Leben in meiner Hand,
tauche ab in mein Gedankenland.
Es ist ganz egal, was ich mir denke
und ob ich Menschen meine Liebe schenke.

Mein Gedankenland gehört nur mir,
ich bestimme, wie lange ich träume als Passagier.
Meine Gedanken kann mir keiner nehmen
und wenn ich will, bleibe ich eine Weile stehen.

Wichtig ist, dass auch du deine Gedanken lebst,
nicht nur in deiner Traumwelt schwebst.
Erst dann hast du dein Gedankenland gefunden
und bist ein Leben lang mit Körper und Seele
verbunden.

Großmut

Dir geht es gut,
doch manchen Menschen fehlt der Mut.

Mache in deinem Umfeld deine Augen auf,
hilf Menschen, die ganz unten sind wieder rauf.

Es muss nicht immer etwas Materielles sein,
durch liebevolle Worte geht in´s Herz mehr Trost
hinein.

Solche Taten werden dein Herz erhellen
und es sind auch gleichzeitig deine Energiequellen.

Glück

Ich wünsche dir sehr viel Glück,
davon ein ganz großes Stück.

Und hast du mal kein Glück,
gehe trotzdem weiter, nicht zurück.

Das Glück hat viele Seiten,
mit einer positiven Einstellung erreichst du
Glückes Weiten.

Innerlicher Friede

Reden statt Schweigen,
Aufstehen statt Neigen.

Gehen statt Fallen,
gütig sein statt Prahlen.

Siegen statt Liegen,
sich nicht für andere verbiegen.

Das eigene Leben lieben
mit innerlichem Frieden.

Natürlichkeit

Deine Natürlichkeit lässt deine Schönheit erblühen,
du solltest dich selbst nie belügen.

Bleib authentisch und immer du selbst,
auch wenn es nicht einfach ist
und du dich quälst.

Deine Schönheit wird dich strahlen lassen,
du kannst es kaum fassen.

Durch die Natürlichkeit wird dein Ich geheilt
und auf deine Seele übertragen nach einiger Zeit.

Entspannung

Sich jeden Tag Entspannung gönnen,
dass ist das, was die wenigsten Menschen noch können.

Geist, Körper und Seele werden es dir danken,
setze dir deine eigenen Schranken.

So kannst du dich öffnen in deiner Welt,
wenn du für kurze Zeit in deine Träume verfällst.

Mit der Entspannung reinigst du dein eigenes Ich
und vielleicht wirst du damit bald beginnen,
dabei meine ich dich.

Liebe und Leben

Liebe und Leben,
manchmal auch vergeben.
Freiheit und Leben,
oftmals nach dem Inneren sehen.
Gesundheit und Leben,
dafür einfach immer alles geben.

Glück und Leben
werden deine Stimmung heben.
Frieden und Leben,
ab und zu auf Wolken schweben.
Zufriedenheit und Leben,
so oft wie möglich danach streben.

All diese Wörter bedeuten Leben
und es kann fast nichts Schöneres geben,
als diese Wörter innig zu leben.

Anmut

Würde und Freiheit sind Energien deines Herzen,
durch Anmut vergehen die Schmerzen.
Anmut strahlt aus dir heraus,
dein Lichtstrahl durchbricht dein eigenes Haus.

Sei dir deiner Schönheit bewusst
durch Anmut verringert sich jeglicher Verdruss.
So kannst du auf deinen Anmut des Seins bauen
und weit nach vorne schauen.

Deswegen lasse die Anmut wirken, nehme sie an,
Anmut öffnet neue Türen, was jeder brauchen kann.

Wachsamkeit

Gehe immer wachsam durchs Leben,
so kannst du deine Ziele besser sehen.
Richte die Energie auf deine Gedanken,
es ist eine Möglichkeit,
in deinen Wünschen zu schwanken.

Mit der Wachsamkeit kannst du sehr viel erreichen,
es ist die Entwicklung und wartet auf dein Zeichen.
Nimm alle Signale deines Körpers wahr,
die Wachsamkeit bringt dich deinen Zielen ganz nah.

Freude

Freude ist uns Menschen gegeben,
sie ist der Lichtfunke in unserem Leben.

Gehe schwungvoll und glücklich durch die Zeit,
deine Mitmenschen werden es sehen,
Heiterkeit macht sich breit.

Menschen mit schlechter Stimmung werden gemieden,
doch mit Freude in dir werden die Menschen mit dir
ziehen.

Heiterkeit

Heiterkeit lässt dich die Lebensfreude erkennen,
Harmonie, Zufriedenheit in deinem Herzen brennen.
Ein Lächeln, ein Funkeln in deinen Augen,
mit Heiterkeit durch die Welten schauen.

Mit mehr Lebensfreude erwachen,
mit Heiterkeit wirst du viel mehr lachen.
So hat schon manch einer viel erreicht
und Stück für Stück die Herzen der Menschen
erweicht.

Gesundheit

Wenn dir dein Körper Krankheiten nicht lehrt,
steht Gesundheit nicht im Vordergrund
und verliert seinen Wert.

Sind die Krankheiten da,
jedoch nicht willkommen,
die guten Vorsätze sind wie zerronnen.

Deswegen lebe gesund, pass gut auf dich auf,
sonst nimmt deine Gesundheit einen Krankenverlauf.

Wachse

Es gibt in unserem Leben viele Krisen,
lasse dir dadurch das Leben nicht vermiesen.
Manchmal erfährst du in Krisen
deine eigenen Tiefen.

Sie geben uns ganz oft eine neue Chance,
durch Neues kommt dein Körper in Balance.
Krisen geben uns Zugang zu anderen Dingen,
die Seele macht auf und beginnt zu singen.

Krisen können helfen, uns selbst zu entdecken,
durch neue Kraft bezwingst du viel längere Strecken.
Du wirst alte Wege verlassen, neue Wege gehen
und die Krise mit anderen Augen sehen.

Vielleicht gehört die Krise mal zu deinem Glück,
du schaust weit nach vorne und nicht zurück.
Nur so kannst du wachsen und bestehen,
denn vielleicht ist die Krise deine Chance im Leben.

Ziele

Auch wenn mein Ziel ist noch so fern,
ich träume für mein Leben gern.
Ich gehe nach vorne Schritt für Schritt
und nehme meine positiven Gefühle mit.

Mein Ziel ist mir schon nah,
ich weiß genau, dass ich es in meinen Träumen sah.
Ich gehe noch weiter, Schritt für Schritt
und nehme mir dieses Gefühl als kleines
Erfolgserlebnis mit.

Nun habe ich mein Ziel endlich erreicht,
es fühlt sich gut an
und hat mein Herz erweicht.
Deswegen werde ich weitergehen,
denn ich möchte noch viele Ziele sehen.

Die Ziele bringen dich im Leben voran,
manchmal kann man was verbessern
und deswegen bleibe immer dran.
Vielleicht gehst du mit diesen Zeilen mit,
denn auch du erreichst dein Ziel,
Schritt für Schritt.

Lächeln

Du lächelst mich an,
dein Lächeln hat es mir angetan.
Du strahlst wie die Sonne,
ich freue mich jedes Mal,
wenn ich von dir ein Lächeln bekomme.

Du bist so positiv,
ohne jegliches Stimmungstief.
Es ist so schön dich zu kennen,
dein Lächeln wird ewig in meinem Herzen brennen.

Deswegen lächle noch ganz oft wie die Sonne,
denn es gibt nichts Schöneres,
als wenn ich von dir ein Lächeln bekomme.

Gespräche

Gespräche können oft so innig sein,
du fühlst dich danach nicht mehr wie ein Stein.
Man kann sich sehr viel von der Seele sprechen,
auch dabei das Gegenüber unterbrechen.

Wir reden immer weniger miteinander,
doch nur durch Gespräche finden wir zueinander.
Zeit und Gespräche mit deinen Lieben,
das wurde schon früher als sehr wertvoll beschrieben.

Deswegen genieße ich die Zeit in vollen Zügen,
denn nach den Gesprächen fahre ich immer glücklich
von ihnen, ohne zu lügen.

Stille

Jeder Mensch kennt den Schmerz,
meistens gehen die Narben aufs Herz.
Das Herz braucht genau dann Ruh,
sich mal verschließen gehört auch dazu.

Deswegen ist die Stille so wichtig,
du wirst mit deinen Augen ganz umsichtig.
All das versuche ich regelmäßig umzusetzen,
ohne den Körper mit Druck oder Zwang zu hetzen.

All die Liebe nur für deine Stille,
mein Gott; wie stark ist der Wille!

Unbeschwertheit

Viele Menschen sind sehr verschlossen,
sie haben schon viele Tränen vergossen.
Sie geben nichts mehr preis,
orientieren sich nicht mehr nach Fleiß.

Sie haben den Mut verloren,
doch wir wurden mit allem
was wir brauchen, geboren.

Lasse dir von keinem die Unbeschwertheit nehmen,
denn Neid wird es immer wieder geben.

Größe

Du musst dich nicht immer
mit anderen messen,
du hast doch selbst immer Größe besessen.

Du bestimmst, ob du dich liebst
und mit deiner Größe siegst.

Die richtige Größe findest du in deinem Herzen,
ohne dich zu messen, ganz ohne Schmerzen.

Ziele

Deine Ziele sind zu weit entfernt,
Schritt für Schritt,
haben wir schon in der Schule gelernt.

Deine Ziele sind zu hoch,
erreichst du sie nicht, fällst du in ein Loch.

Doch durch kleine Ziele wirst du Erfolge sehen,
Erfolgserlebnisse werden dir wieder Kraft geben.

Licht

Wieso sehe ich oft kein Licht,
alles ist so schwer, kein Ende in Sicht.
Ich fühle mich einsam und leer,
meine Stimme sagt mir, ich kann nicht mehr.

Doch oft gibt es wieder andere Tage,
wo ich neue Schritte wage.
Die schönen Momente tun mir gut,
sie geben mir neuen Mut.

Durch jede Erfahrung werden wir geprägt,
wir haben es selbst erlebt.
Und irgendwann fragst du dich,
wieso trifft es immer nur mich?

Ich glaube, jeder braucht seine Zeit,
doch Kraft gibt uns das Licht
und nicht die Dunkelheit.

Gleichgewicht

Suche das Gleichgewicht im Leben,
das wird dir die Stabilität wieder geben.
Sammle die Kraft im Zentrum,
denn die Mitte ist das Universum.

Dein Selbstbewusstsein wird gedeihen,
vielleicht auch deine Zweifel heilen.
Ganz langsam wirst du stärker werden,
denn das Gleichgewicht ist dein Glück auf Erden.

Motivation

Dein Geist ist motiviert,
der Körper auf die Bequemlichkeit fixiert.
Lasse deinem Geist freien Lauf,
er hilft dir, dein Körper richtet sich auf.

Nach kurzer Zeit wirst du merken,
deine innere Uhr wird anders werken.
Mit dieser Einstellung wirst du mehr erreichen
und die Bequemlichkeit wird von dir weichen.

Dein Körper wird es dir danken
und nicht an der eigenen Faulheit erkranken.

Ehrlichkeit

Sei zu dir treu und ehrlich,
das ist im Leben unentbehrlich.

Die Lügen werden nur zur Last,
wie oft hast du dich dafür schon gehasst.

Ändere deine Einstellung in dir
und vielleicht ist sie dein Lebenselixier.

Selbstliebe

Nichts will bei mir klappen,
Liebesbriefe, abgelegt in meinen Mappen.
Bis jetzt sollte es nicht sein,
meine Männer, meistens klein und gemein.
Die Hoffnung habe ich noch nicht verloren,
mittlerweile fühle ich mich auch alleine geborgen.

Ich nehme mich selbst mehr wahr,
vielleicht ist das mit der Liebe auch machbar.
Ich glaube, ich beginne jetzt mal bei mir,
denn mir wurde gesagt, dann kommt die Liebe zu dir.

Durchsetzungsvermögen

Menschen, die sich immer durchsetzen,
gehören nicht zu den Verletzten.
Trainiere deine Selbstsicherheit,
du wirst stärker, nach einiger Zeit.

Mit deinem Durchsetzungsvermögen
wirst du Ziele ganz leicht erreichen
und manche Gegner mit deiner Stärke erweichen.

Deine Glaubwürdigkeit wird dadurch steigen,
dann kannst du deine Erfolge der ganzen Welt zeigen.

Mut

Traue dir ganz viel zu,
wenn es sein muss, wechsle deine Schuh.
Schuhe, die deinem Herzschlag gleichen,
um mit Mut neue Ziele erreichen.

Vertraue dir, fasse all deinen Mut zusammen,
so wird sich dein Herz für Neues immer wieder
entflammen.

Hoffnung

Hoffnung lebt in uns,
sie nie zu verlieren, das ist die Kunst.

Hoffnung ist keine Selbstverständlichkeit,
sie immer zu bewahren macht uns Menschen reich.

Hoffnung ist unser Fundament,
auf das zu bauen, wenn es gerade nicht gut rennt.

Setzen wir als Zeichen der Hoffnung große Mauern,
um uns in Zukunft ganz viel zuzutrauen.

Farbenpracht

Menschen kommen und gehen,
Trennungsschmerz wird es immer geben.
Das Leben stellt uns neue Herausforderungen,
jeder von uns hat schon einen Berg bezwungen.

Manche Menschen ziehen uns runter,
durch liebevolle Menschen wird unser Leben bunter.
Genieße die Farbenpracht im Leben
lasst uns bis ins hohe Alter auf bunten Wolken
schweben.

Geborgenheit

Mein Kopf ist ganz kühl,
ich keine Geborgenheit fühl.

Es fehlen Wärme und Vertrauen in mir,
dabei habe ich meine Höhle immer im Visier.

Manchmal kommt die Geborgenheit zu mir,
doch sie bleibt nie lange hier.

Ich werde das verborgene Gefühl in mir suchen,
liebe Geborgenheit, komm mich bitte bald besuchen.

Nächstenliebe

Sich selbst immer der Nächste zu sein,
macht unsere Welt ganz klein.
Vielmehr sollten wir wieder helfend handeln,
die kleine Welt in eine große verwandeln.

Wir sollten uns Menschen mehr zuwenden
und auch unseren Nächsten Liebe schenken.
Ein Füreinander in unserer Gesellschaft
gibt uns allen Menschen Kraft.

Lasst uns wie früher zusammenhalten
und die Welt etwas besser gestalten.

Zeit

Die Zeit bewegt sich,
die Erde erhebt sich.
Die Zeit steht oft still,
was nicht jeder will.

Manchmal vergeht sie sehr schnell,
die Tage werden hell.
Die Zeit kann uns vieles nehmen,
doch auch sehr viel Liebe geben.

Deswegen fange mit deiner Zeitliebe etwas an,
denn du hast sie nicht ein Leben lang.

Sonne und Wind

Die Liebe ist wie die Sonne,
hast du sie in dir, ist alles eitle Wonne.
Sie macht dich innerlich reich,
mit der Liebe ist alles so leicht.

Die Liebe ist wie der Wind,
hast du sie im Herzen, bist du wie ein Kind.
Sie zaubert dir ein Lächeln in dein Gesicht,
die Liebe strahlt so oft wie das Sonnenlicht.

Ist es die Sonne oder der Wind,
wir mit der Liebe im Herzen am glücklichsten sind.

Segen

Liebe, du bist unser großes Glück,
gehe mit uns vorwärts und nicht zurück.
Liebe, du machst unsere Herzen so warm,
ohne dich wären wir Menschen sehr arm.

Liebe, durch dich können wir hoffen
und sind für Neues offen.
Liebe, du gibst uns so viel,
jedoch bekommt nicht jeder das, was er will.

Liebe, du machst unsere Welt viel bunter,
unser Leben läuft dadurch noch runder.
All das ist für uns Menschen ein Segen,
deswegen sollten wir Menschen unsere Liebe geben.

Kraft

Die Liebe ist die stärkste Kraft der Welt.
Sie kann dich ganz weit raufziehen
und auch runter.

Unterschied gibt es keinen.
Egal ob du ganz unten oder oben bist,
du wirst diese Kraft immer spüren.

Nimm jede Situation an,
denn es ist schön, wenn man Liebe geben
und empfangen kann.

Verbundenheit

Wenn du traurig bist,
reicht mir ein kurzer Blick in deine Augen,
es gibt nichts Schöneres, als dich anzuschauen.
Deine Traurigkeit geht ganz langsam vorbei,
wir sind miteinander verbunden,
unsere Herzen, wir Zwei.

Wir bringen uns gegenseitig zum Lachen,
wir können sehr viel gemeinsam machen.
Zusammen macht uns die Liebe stark,
ich sie immer in meinem Herzen trag.

Mit der Liebe meistern wir das Leben,
Verbundenheit, die wir uns durch die Liebe geben.
Deswegen sollten wir die Liebe immer wieder zeigen,
dafür wird die Verbundenheit immer bleiben.

Trost

Gib mir deine Hand in schlechten Tagen,
du brauchst auch nichts zu sagen.
Du legst deinen Kopf in meinen Schoß.
Ich frage dich nicht, was ist los?
Ich bin für dich da,
du bist mir so sehr nah.
Ich kenne deine Gedanken,
weise dich nicht in deine Schranken.

Du bist für mich mein Stern,
auch wenn du bist ganz fern.
Doch wenn ich in den Himmel schaue,
dann weiß ich, dass ich auf dich baue.
Du und ich sind wie eine Seele,
das wird so bleiben, solange ich lebe.
Gib die Hoffnung nie auf,
denn nach dunklen Stunden kommt immer
Licht darauf.

Es ist so schön, dass es dich gibt
und die Liebe in unseren Seelen überwiegt.
Dafür danke ich dir,
denn das ergibt ein mit Liebe erfülltes „Wir".

Mut und Hoffnung

Es ist sehr schwer,
dass ich gesund war, ist schon lange her.
Kaum war die eine Krankheit überstanden,
die nächsten Bakterien meinen Körper überrannten.
Ich war schwach, mein Gesicht ganz bleich,
meine Muskeln starr und doch weich.
Müde und hoffnungslos,
weinend, steckte mir im Hals ein Kloß.

Es wollte nicht enden,
soviel Leid in meinen vier Wänden.
Und dann lernte ich einen Menschen kennen,
ich würde ihn Seelenverwandter der Gefühle nennen.
Ich erzählte ihm von meinem Gebrechen,
er brachte mich mit seinen Worten zum Lächeln.
Oft sind es Freundschaften, ganz weit weg im Leben,
doch es sind genau die, die dir Hoffnung geben.

Schutzengelchen

Du kannst beruhigt durch das Leben schreiten,
ich werde dich immer begleiten.
Du kannst dich in meiner Obhut geborgen fühlen,
doch nicht allzu oft in der Vergangenheit wühlen.

Ich lenke dein Leben zum Licht,
es ist sogar meine Pflicht.
Ich beschütze dich jeden Tag,
das macht dich richtig stark.

Hab keine Angst, du bist nicht allein,
denn, egal was kommt, ich werde immer bei dir sein.

Leben

Leben ist Leben,
Fluch oder Segen.
Leben ist Leben,
Nehmen und Geben.

Leben ist Leben,
Schweben und Streben.
Leben ist Leben,
Lächeln und Flehen.

Licht

Ich werde dich umhüllen mit Licht,
in schlechten Tagen ist es wie eine Schutzschicht.
Ich werde für dich immer die Sonne scheinen lassen,
Dunkelheit würde in dein Leben nicht passen.

Ich werde dir den Strahl des Lichtes schenken,
er wird dir helfen, dein Leben zu lenken.
Trage dieses Licht in deinem Herzen,
der Kummer wird vergehen und auch die Schmerzen.

Stehst du ganz alleine da auf einem Hügel,
weine nicht, denn ich umarme dich mit meinem Flügel.
Ich halte dich fest und lasse dich nicht los,
denn ich weiß genau, du brauchst jetzt Trost.

Ich tröste dich eine Weile
und du wirst den Lichtstrahl sehen,
mehr als eine Meile.

Selbstliebe

Schaue in den Spiegel, akzeptiere dich, wie du bist,
deswegen bist du noch lange kein Narzisst.
Es ist der erste Schritt
für einen neuen Zeitabschnitt.
Sag ja zu deinem Leben, auch zu dir,
schon sind die Glückshormone hier.

Liebe dich von innen,
damit kannst du sofort beginnen.
Es dauert keine Wochen
und dir stehen alle Wege offen.
Die Sonnenstrahlen sollen dein Herz berühren,
kannst du diese Wärme spüren?
Meine Gefühle waren so positiv,
ich fühlte es, auch wenn ich schlief.

Ist es der Sommer und das Licht
oder ist es vielleicht sogar meine Pflicht?
Das Licht tut einfach gut, man glaubt es kaum,
jedoch ist es kein Traum.
Es ist die Selbstliebe,
mit der ich oft siege.

Für manche mag es egoistisch sein,
doch ich liebe mich ganz ohne Tränlein.
Für viele hat das kein Gewicht,
doch das ist nicht meine Ansicht.
Finde dein eigenes Glück,
es ist die Selbstliebe und die kommt zurück.

Liebe und Gefühle, es ist die Selbstliebe,
wenn ich die Wörter verschiebe.
Liebe dich selbst,
auch wenn du dich durch das Leben wälzt.
Und hast du die Liebe in dir gefunden,
dann heilen auch deine Wunden.
Warte nicht auf die Liebe von außen,
es ist die Eigenliebe, nicht die Liebe von draußen.

Sie ist so wichtig für dein Leben,
nur so kannst du die Liebe anderen weitergeben.
Glaub mir, du wirst es sehen,
es ist die Selbstliebe, auch du kannst sie erleben.

Nachwort

Kreativität

Es gibt nichts Schöneres als kreativ zu sein,
Malen, Schreiben, Basteln, das ist ganz mein.
Meine gemalten Acrylbilder sehen nicht schlecht aus,
manch eines hängt in meinem Haus.

Meine Kreativität besteht schon seit Jahren,
früher bin ich sogar zu Workshops gefahren.
Es war sehr schön meine Engelbilder zu folieren,
verschiedene Motive selbst zu kreieren.

Doch am meisten liebe ich das Dichten,
damit erzähle ich ganz viele Geschichten.
Deswegen werde ich noch viele Gedichte schreiben,
denn meine Bücher und Zeilen werden noch vielen
Menschen in Erinnerung bleiben.

Einfallsreichtum

Ab und zu fällt mir ein Gedicht ein,
die Zeilen sind sehr lebendig und rein.
Manchmal ist es schon fast eine Gier,
doch nicht immer gelingt es mir.

Am liebsten schreibe ich aus der Seele heraus,
dass macht dann meistens die guten Gedichte aus.
Vieles ist mit Herz geschrieben,
zeitenweise vom Einfallsreichtum getrieben.

Heute bin ich froh die Gabe in mir entdeckt zu haben,
die Reime begleiten mich wie die Hausaufgaben.
Am schönsten ist, wenn ich die Herzen berühre
und dies beim Dichten selbst immer wieder spüre.

Für dich, wünsche dir was!

Bücher der Autorin

Links

https://nicolesunitsch.blogspot.com
https://www.amazon.de/s?k=B01N1Y3ZMB&rd=1&ref=lp_rd_SEARCH
https://www.pinterest.at/nicolesunitschs/
https://www.instagram.com/nicolesunitsch/
https://www.facebook.com/nicolesunitsch/
https://nicolesunitsch.jimdo.com/
https://funpot.net/entdecken/nur-nickname-GedichteNS/